BEI GRIN MACHT SICH IHR WISSEN BEZAHLT

- Wir veröffentlichen Ihre Hausarbeit, Bachelor- und Masterarbeit

- Ihr eigenes eBook und Buch - weltweit in allen wichtigen Shops

- Verdienen Sie an jedem Verkauf

Jetzt bei www.GRIN.com hochladen und kostenlos publizieren

GRIN

Bibliografische Information der Deutschen Nationalbibliothek:

Die Deutsche Bibliothek verzeichnet diese Publikation in der Deutschen National-
bibliografie; detaillierte bibliografische Daten sind im Internet über http://dnb.d-
nb.de/ abrufbar.

Impressum:

Copyright © 2015 GRIN Verlag, Open Publishing GmbH
Druck und Bindung: Books on Demand GmbH, Norderstedt Germany
ISBN: 9783668300576

Dieses Buch bei GRIN:

http://www.grin.com/de/e-book/340195/qualitaetsmanagement-und-zertifizierung-
investition-und-produktion-in

Philipp Jeutter

Qualitätsmanagement und -zertifizierung, Investition und Produktion in der Fitnessbranche

GRIN Verlag

GRIN - Your knowledge has value

Der GRIN Verlag publiziert seit 1998 wissenschaftliche Arbeiten von Studenten, Hochschullehrern und anderen Akademikern als eBook und gedrucktes Buch. Die Verlagswebsite www.grin.com ist die ideale Plattform zur Veröffentlichung von Hausarbeiten, Abschlussarbeiten, wissenschaftlichen Aufsätzen, Dissertationen und Fachbüchern.

Besuchen Sie uns im Internet:

http://www.grin.com/

http://www.facebook.com/grincom

http://www.twitter.com/grin_com

Deutsche Hochschule für

Prävention und Gesundheitsmanagement

Hermann Neuberger Sportschule 3

66123 Saarbrücken

Einsendeaufgabe

Fachmodul: Betriebswirtschaftslehre IV

Studiengang: Fitnessökonomie

Datum

Präsenzphase   **26.10.2015 – 28.10.2015**

Name, Vorname: Jeutter, Philipp

Studienort: **Stuttgart**

Semester: **6**

Inhaltsverzeichnis

Einordnung Ausbildungsbetrieb

Name der Anlage	(anonymisiert)
███████████████████████	
	Einordnung
Anlagenstruktur:	Gemischtes Studio
Art der Anlage:	Franchise Studio
Größe der Anlage:	<300 qm
Preisstruktur der Anlage:	≥90,00 €

1 Qualitätsmanagement und Qualitätszertifizierung

1.1 Definition Qualitätsmanagement und Qualitätszertifizierung

Qualitätsmanagement wird nach der DGQ e.V. wie folgt definiert: „...Gesamtheit der qualitätsbezogenen Tätigkeiten und Zielsetzungen eines Unternehmens."

Qualitätsmanagement orientiert sich an den legitimen Bedürfnissen der Kunden, ist prozessorientiert und bezieht alle Mitglieder der Organisation mit ein.

Außerdem ist es Führungsaufgabe, sowie die stetige Verbesserung. (Darstellung in der Nahphase der DHfPG am 28.10.2015 in Stuttgart)

Qualitätszertifizierung ist im weitesten Sinne das „In Kenntnis setzen" bzw. „benachrichtigen" über Qualität von Dienstleistungen oder von Produkten.

Qualitätszertifizierung soll nachweisen, dass gewisse Anforderungen oder Normen eingehalten werden. Zertifizierung drückt, beispielsweise über ein Siegel, das Einhalten festgelegter Standards aus.

Die folgende Tabelle soll einen Überblick über die Unterschiede und die Gemeinsamkeiten zwischen Qualitätsmanagement und Qualitätszertifizierung genauer erläutern:

Tab. 2: Qualitätsmanagement und Qualitätszertifizierung (eigene Darstellung)

Faktor	Qualitätsmanagement	Qualitätszertifizierung
Messparameter	Intern festgelegt: • Prozesse/Abläufe • Produkte • Dienstleistungen • Kudenzufriedenheit	Extern vorgegeben: • Prozesse/Abläufe • Produkte
Soll-Werte	Intern festgelegt	Extern durch Normen oder normative Dokumente vorgegeben
Audit	Interner Audit: • wird regelmäßig durch Mitarbeiter des Unternehmens im rahmen von QM-Maßnahmen durchgeführt • Organisation ist und Durchführung sind Teil regelmäßiger Prozesse im Rahmen des QM • Auditoren sind Mitarbeiter des Unternehmens	Externer Audit: • wird von neutralen und unabhängigen Auditoren im Rahmen von in Auftrag gegebene Zertifizierungsverfahren durchgeführt • neutrale Zertifizierungsstelle regeln Organisation und Durchführung • Auditoren sind neutral und unabhängig und Mitarbeiter/Beauftragte einer Zertifizierungsstelle
Auswirkungen der Ergebnisse des Audits	• Bei Deckung von Soll- und Ist-Werten i.d.R. Keine negativen Folgen • Bei verfehlen der Soll-Werte entscheiden Unternehmensstellen über mögliche Maßnahmen	• Bei Deckung von Soll- und Ist-Werten (Einhaltung der Normen) erfolgt Zertifizierung • Bei verfehlen der Soll-Werte/Normen müssen Maßnahmen beschlossen und umgesetzt werden, sodass die Normen erreicht werden

1.2 Personalanforderungen für gerätegestütztes Training nach der DIN 33961:2014

Da der Ausbildungsbetrieb nicht die Anforderungen gemäß der DIN 33691 erfüllt, wird fortan von einem fiktiven Fitnessstudio ausgegangen.

Tab. 3: Fiktives Fitnessstudio (eigene Darstellung)

Name der Anlage	Fit up
	Einordnung
Anlagenstruktur:	Gemischtes Studio
Art der Anlage:	Unabhängiges Studio
Größe der Anlage:	1.500 – 2499 qm
Preisstruktur der Anlage:	60,00 € - 89,99 €

1.2.1 Personaleinsatzplan

Tab. 4: Personaleinsatzplan (eigene Darstellung)

Uhrzeit	Montag			Dienstag			Mittwoch			Donnerstag			Freitag			Samstag			Sonntag		
	Trainer 1	Trainer 2	Trainer 3	Trainer 1	Trainer 2	Trainer 3	Trainer 1	Trainer 2	Trainer 3	Trainer 1	Trainer 2	Trainer 3	Trainer 1	Trainer 2	Trainer 3	Trainer 1	Trainer 2	Trainer 3	Trainer 1	Trainer 2	Trainer 3
	19.10.15			20.10.15			21.10.15			22.10.15			23.10.15			24.10.15			25.10.15		
8h-9h																					
9h-10h																					
10h-11h																					
11h-12h																					
12h-13h																					
13h-14h																					
14h-15h																					
15h-16h																					
16h-17h																					
17h-18h																					
18h-19h																					
19h-20h																					
20h-21h																					
21h-22h																					

1.2.2 Qualifikationsstufen

Tab. 5: Qualifikationsstufen (eigene Darstellung)

Status	Qualifikationsstufe	Institut
Filialleitung (Grün)	Master of Arts, Prävention und Gesundheitsmanagement; Stufe 7	DHfPG
Stellvertr. Filialleitung (Rot)	A-Lizenz, Sport u. Fitnesskaufmann Stufe 4	IHK
Student Fitnesstraining (Blau)	B-Lizenz Stufe 2	DHfPG
Student Fitnessökonomie (Gelb)	B-Lizenz Stufe 2	DHfPG

1.2.3 Soll/Ist-Vergleich

Soll-Wert Trainerwochenstunden für die Größe der Anlage (1.500 – 2.499 qm)

= 140 Wochenstunden

Ist-Wert:

- Filialleitung (Grün) 40 Wochenstunden

- Stellvertretende Filialleitung (Rot) 35 Wochenstunden

- Student Fitnesstraining (Blau) 34 Wochenstunden

- Student Fitnessökonomie (Gelb) 32 Wochenstunden

= 40+35+34+32 = 141 Personalwochenstunden

Soll-Forderung ist erfüllt.

Variante 1:

Soll-Forderung: 100% der Wochenstunden werden durch Qualifikationsstufe 3 abgedeckt.

Ist: 142 Personalwochenstunden

Stufe 3 oder höher (Filialleitung und Stellvertretende Filialleitung) insg. 75 Wochenstunden = 53,2 %

Stufe 2 (Studenten) insg. 66 Wochenstunden = 46,8 %

Soll-Forderung wird nicht erfüllt.

Variante 2:

Soll-Forderung: Mind. 30% der Wochenstunden werden durch Qualifikationsstufe 3 abgedeckt und höchstens 70% werden durch Qualifikationsstufe 2 abgedeckt.

Ist: 141 Personalwochenstunden

Stufe 3 oder höher (Filialleitung und Stellvertretende Filialleitung) insg. 75 Wochenstunden = 53,2 %

Stufe 2 (Studenten) insg. 66 Wochenstunden = 46,8 %

Beide Soll-Forderungen werden erfüllt.

1.3 Einsehbarkeit der Trainingsfläche

1.3.1 Grundriss

Abb. 1: Grundriss des Fitnessstudios (eigene Darstellung)

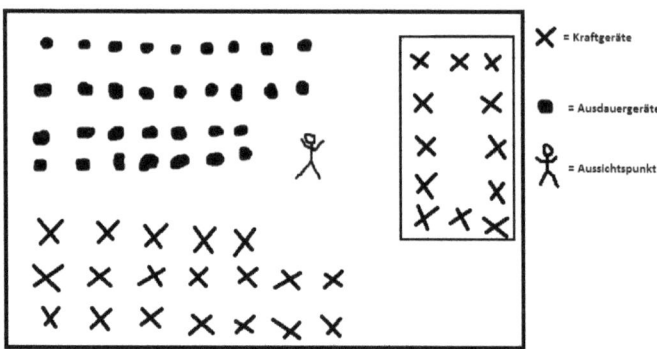

Es befinden sich 34 Ausdauergeräte und 31 Kraftgeräte, von denen 12 in einem separaten Freihantelbereich untergebracht sind, auf der Trainingsfläche.

1.3.2 Einsehbarkeit

Der Aussichtspunkt, der sich in der Mitte der Trainingsfläche befindet, gewährleistet dem jeweiligen Trainer eine Einsehbarkeit von 100%.

2 Investition

2.1 Kapitalwertmethode

Anschaffungspreis Brutto: 84.000 €

Anschaffungspreis Netto: 70.588,24 €

Nutzungsdauer: 4 Jahre

Liquidationserlös: 35.500 €

Kalkulationszinssatz: 8%

$K0$ = -70.588,24 + (30.100-13.800)/(1+0,08)^1+(31.200-17.400)/(1+0,08)^2+(44.500-26.100)/(1+0,08)^3+(49.900-25.100)/(1+0,08)^4+35.500/(1+0,08)^4

=15.264,44 €

Da die Berechnung nach der Kapitalwertmethode positiv ausfällt, sollte die Investition durchgeführt werden.

2.2 Interne Zinsfußmethode

Tab. 6: Berechnung Kapitalwerte (eigene Darstellung)

Jahr	Differenz Einzahlungen - Auszahlungen	Versuchszinssatz 6%		Versuchszinssatz 12%	
		Abzinsungsfaktor 1,06^t	Barwert	Abzinsungsfaktor 1,12^t	Barwert
1	16.300	1,06^-1	15.377,36	1,12^-1	14.553,57
2	13.800	1,06^-2	12.281,95	1,12^-2	11.001,28
3	18.400	1,06^-3	15.448,99	1,12^-3	13096,76
4	24.800+35.500	1,06^-4	47.763,25	1,12^-4	38.321,74
Summe			90.871,55		76.973,35
- Anschaffungskosten			70.588,24		70.588,24
Kapitalwert			20.283,31		6.385,11

$r = p1 - k1 * (p2 - p1)/(k2 - k1)$

$= 6 - 20.283,31 * (12-6)/(6.385,11-20.283,31)$

$= 14,76\%$

Da der interne Zinsfuß mit 14,76% über dem Kalkulationszinssatz von 8% liegt, gilt dieser als vorteilhaft.

3 Investition

3.1 Finanzierungsinstrumente Kraftausdauerzirkel

Zunächst muss entschieden werden, ob die Investition über eine Eigenfinanzierung oder eine Fremdfinanzierung getätigt wird.

Bei einer Eigenfinanzierung wird zwischen interner und externer Eigenfinanzierung unterschieden:

- Interne Eigenfinanzierung: Die Investitionsmittel stammen aus von dem Unternehmen erwirtschafteten Finanzen. Ein Beispiel für die Praxis sind etwa die vom Unternehmen erbrachten Gewinne.

- Externe Eigenfinanzierung: Bei einer externen Eigenfinanzierung werden die finanziellen Mittel zwar von außen neu zugeführt, jedoch hat der Geldgeber einen Bezug zum Unternehmen, wie beispielsweise ein Gesellschafter. Man spricht in diesem Zusammenhang häufig von einer Beteiligungsfinanzierung. Aktiengesellschaften beispielsweise können auch neue Aktien auf den Markt bringen, die Aktionäre erhalten im Gegenzug ein Mitbestimmungsrecht im Unternehmen. Eine weitere Möglichkeit ist, neue Gesellschafter in das Unternehmen zu holen, dies ist jedoch, je nach Gesellschaftsform und Vereinbarung, mit dem Abtreten von Rechten und/oder Entscheidungsmöglichkeiten.

Bei der Fremdfinanzierung wird, wie bei der Eigenfinanzierung, auch zwischen interner und externer Fremdfinanzierung unterschieden:

- Interne Fremdfinanzierung: Bei der internen Fremdfinanzierung sind die Mittel zwar bereits im Unternehmen, stammen jedoch bereits aus Fremdkapital. In der Praxis wird die interne Fremdfinanzierung beispielsweise angewant, indem zu hoch veranschlagte Rückstellungen aufgelöst werden und diese finanziellen Mittel dem Unternehmen nun für eine neue Investition zur Verfügung stehen.

- Externe Fremdfinanzierung: Die externe Fremdfinanzierung oder auch Kreditfinanzierung bezeichnet von außen zugeführtes Kapital, bei dem eine Rückzahlungspflicht besteht. Hinzu kommen Zinsen, die vor der Kreditvergabe zwischen

Unternehmen und Geldgeber ausgehandelt werden. In der Praxis tritt diese Form
der Finanzierung meist als Bankkredit auf.

3.2 Basel III

Die Baseler Akkorde sind im wesentlichen vorgegebene Standards im Finanzwesen,
welche allerdings nur Kreditinstitute betreffen. Diese vorgegeben Standards werden in
manchen Ländern, beispielsweise in Deutschland, in Gesetze übernommen.

Die Baseler Akkorde bestimmen einen Eigenkapitalanteil, den eine Bank vorweisen
muss, um Kredite vergeben zu dürfen. Dies soll dafür sorgen, dass Banken mit diesem
Eigenkapital haften können, um Kreditausfälle besser abfangen zu können.

Nach der Finanzmarktkrise, die 2007 ihren Ursprung hatte und schließlich in einer glo-
balen Wirtschaftskrise endete, wurden am 12.09.2010 durch den Baseler Ausschuss zur
Bankenaufsicht strengere Regeln bezüglich des Eigenkapitals von Banken beschlossen.

In der Finanzmarktkrise mussten Banken durch Staaten vor dem Kollaps gerettet werden, da das Risiko, welches die Banken eingingen, deren Eigenkapital weit überstieg.

Die Hauptziele von Basel III sind vor allem das Eigenkapital von Kreditinstituten erhöhen und deren Liquidität zu erhöhen, sowie eine einheitliche Bankenaufsicht.

Basel III soll vor allem dafür sorgen, dass das Eigenkapital der Banken härter wird.

Das vorhandene Eigenkapital soll fortan hauptsächlich aus eingezahlten Mitteln und Ge-
winnrücklagen bestehen, um so dessen Qualität zu erhöhen. Dies soll dazu führen, im
Risikofall schneller liquide Mittel zur Verfügung zu haben.

Außerdem wurde mit Basel III eine maximale Verschuldungsquote für Banken festge-
legt und in diesem Zusammenhang auch die Offenlegungspflicht verstärkt.

Anders als bei Basel II soll Basel III nicht nur das Finanzsystem stabilisieren, sondern
auch dennoch dafür sorgen, dass Banken weiter in der Lage sind Kredite zu vergeben.

4 Produktion und Logistik

4.1 Arbeitsproduktivität

Da der Ausbildungsbetrieb an Sonntagen überhaupt nicht geöffnet hat und an Samstagen nur einen halben Tag, werden für diese beiden Tage jeweils Werte von zwei anderen Arbeitstagen aus der Vorwoche gewählt.

Anzahl Check-Ins pro Tag/Anzahl der Personalstunden pro Tag

Tab. 7: Kennzahlen (eigene Darstellung)

	Montag	Dienstag	Mittwoch	Donners-tag	Freitag	Samstag	Sonntag
Arbeits-stunden	23	26	28	22	25	23	27
Check-ins	38	33	29	32	29	30	31
Ergebnis	1,65	1,27	1,04	1,45	1,16	1,3	1,15

Abb. 2: Arbeitsproduktivität (eigene Darstellung)

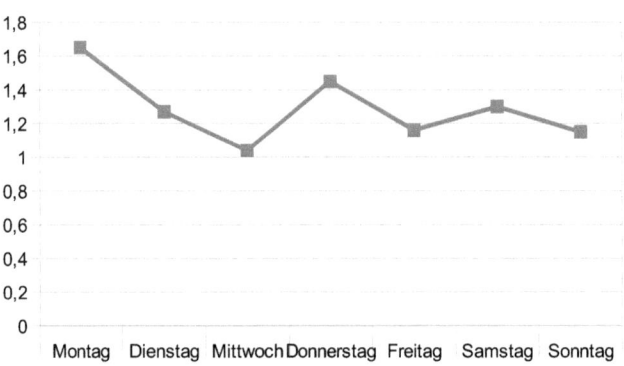

Die Größte Diskrepanz bezüglich der Arbeitsproduktivität herrscht zwischen Montag und Mittwoch. An vier Tagen liegen die Werte sehr dicht beieinander, Montag und Donnerstag sind Ausreißer nach oben und am Mittwoch liegt der Wert etwas unterhalb der Norm.

Bei dem Ausbildungsbetrieb handelt es sich um ein EMS-Studio mit Personal-Training, bei dem die Kunden nach Termin trainieren.

Mögliche Maßnahmen, die Arbeitsproduktivität ausgeglichener zu gestalten:

- eine Möglichkeit ist, die Arbeitsstunden der Trainer an die Nachfrage durch die Mitglieder anzupassen, also die Arbeitsstunden an den beliebteren Tagen zu erhöhen.

- die zweite Möglichkeit ist, die Arbeitsstunden an allen Tagen konstant zu halten und die Mitglieder ausgeglichener zu terminieren.

4.2 Besonderheit externer Faktor

Der externe Faktor in der Dienstleistungsbranche bezieht sich auf den Kunden.

Das heißt der Kunde bringt sich oder sein Eigentum in den Produktionsprozess ein, indem er eine Dienstleistung beansprucht. Der Anbieter kann hier kaum beeinflussen wann produziert wird, dies liegt einzig in der Hand des Nachfragers, es wird also nur produziert, wenn etwas nachgefragt wird. Dies beeinträchtigt die Planungsmöglichkeiten des Dienstleisters.

Da es sich beim Ausbildungsbetrieb um ein EMS-Studio handelt, bei dem die Mitglieder nur nach Termin zum Training kommen, stellt dies die erste Schwierigkeit bezüglich der Planung dar. Die Dienstleistung kann nur erbracht werden, wenn der Kunde auch tatsächlich vor Ort ist. Es ist also von immenser Wichtigkeit, dass die Kunden ihre Termine einhalten, was sich wiederum kaum beeinflussen lässt.

Des weiteren zeigt die Erfahrung, dass sich die Nachfrage durch den externen Faktor im EMS-Bereich noch schwerer voraussagen lässt, als in der übrigen Fitnessbranche. So lagen im vorigen Geschäftsjahr die stärksten Monate nicht etwa, wie häufig in Fitnessbetrieben, in den Herbst- oder Wintermonaten, sondern mit Juli und August im Sommer. Da sich dies allerdings nicht für alle Jahre als Regel voraussagen lässt, liegt hier eine zusätzliche Schwierigkeit bezüglich der Planung.

4.3 Bestandteile Abwicklungszeit und Maßnahmen

Bestandteile Abwicklungszeit:

- Transferzeit
- Vor- und Nachbereitungszeit

- Zeit der Nutzleistung

- Wartezeit

Transferzeit

Dies bezieht sich auf den logistischen Aufwand des Kunden. Das beinhaltet die Anfahrtszeit, sowie die eventuelle Parkplatzsuche.

Der Standort des Ausbildungsbetriebes ist sowohl mit privaten, als auch mit den öffentlichen Verkehrsmitteln gut zu erreichen. Die Parkplatzsuche schwankt, je nach Tag und Uhrzeit. Kundenparkplätze sind nicht vorhanden.

Vor- und Nachbereitungszeit

Bei der Vor- und Nachbereitungszeit muss unterschieden werden zwischen Neukundengewinnung, also einem Probetraining, und der Dienstleistung, welche die Bestandskunden beanspruchen.

Im Ausbildungsbetrieb werden für ein Probetraining, zusätzlich zur eigentlichen Dienstleistung, noch Zeit für Beratungsgespräch und Abschlussgespräch benötigt.

Ein Training für Bestandskunden beansprucht für die Vorbereitung lediglich das Einsprühen der Elektroden mit Wasser, sowie das An- und Ablegen der Elektroden vor und nach dem Training.

Zeit der Nutzleistung

Ist die Zeit, die für die Durchführung der Dienstleistung aufgebracht wird.

Im Ausbildungsbetrieb handelt es sich hierbei um ein 20-Minütiges EMS-Training mit Personal-Trainer.

Wartezeit

Wartezeiten bezeichnen die Zeit zwischen den einzelnen Schritten der Leistungserbringung bei einer Dienstleistung.

Diese beschränken sich im Ausbildungsbetrieb auf ein Minimum.

Es sind zwei Geräte vorhanden, an denen parallel trainiert wird, jedoch werden die Termine häufig an zwei voneinander unabhängige Kunden vergeben.

Die Wartezeit beschränkt sich hier lediglich auf das Warten auf einen zweiten Kunden. Die maximale Wartezeit beschränkt sich auf ca. 5 Minuten.

Mögliche Maßnahmen zur Verkürzung der Abwicklungszeit im Ausbildungsbetrieb

Transferzeit

Die einzige Möglichkeit in diesem Bereich zu justieren, liegt in der Schaffung von Kundenparkplätzen, um so die Parkplatzsuche zu verkürzen.

Vor- und Nachbereitungszeit

Mögliche Maßnahmen, die Vor- und Nachbereitungszeit zu verringern, liegen der Schnelligkeit der Mitarbeiter. Dies bedeutet, schnelleres einsprühen, anlegen und abnehmen der Elektroden können die Vor- und Nachbereitungszeit verkürzen.

Zeit der Nutzleistung

Da es sich bei der Nutzleistung um ein, von einer zentralen Franchise Zentrale, vorgegebenes 20-Minütiges Training handelt, bestehen hier keine Möglichkeiten die Abwicklungszeit zu verringern.

Wartezeit

Da die Wartezeit ohnehin sehr gering gehalten ist, bestehen auch hier keine Möglichkeiten die Zeit der Abwicklung zu beeinflussen.

5 Literaturverzeichnis

Darstellung in der Nahphase der DHfPG, BWL IV, 28.10.2015 in Stuttgart

6 Abbildungs- und Tabellenverzeichnis

6.1 Tabellenverzeichnis

6.2 Abbildungsverzeichnis